AF381268

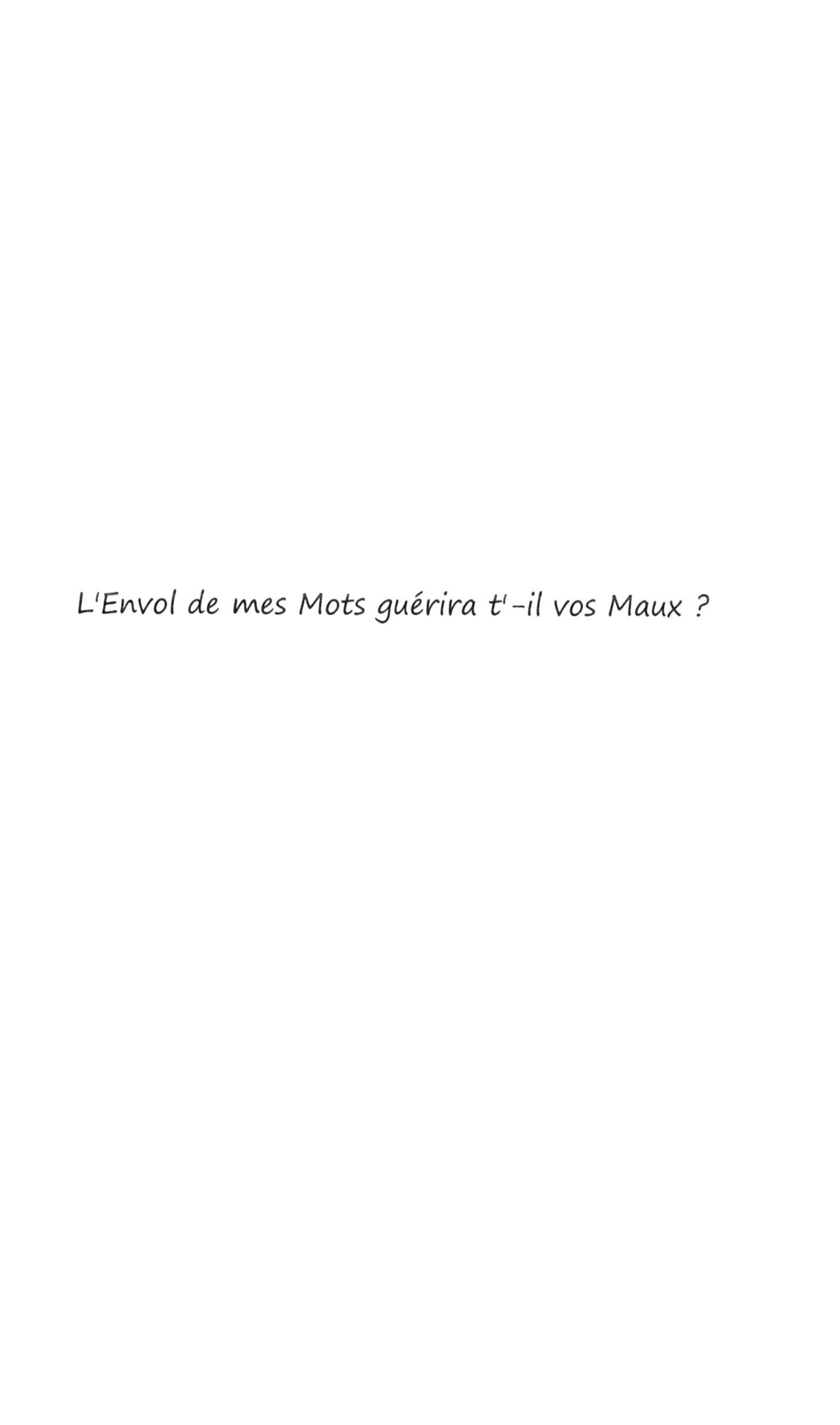
L'Envol de mes Mots guérira t'-il vos Maux ?

Édition : BoD - Books on Demand, info@bod.fr
Impression : BoD – Books on Demand, In de Tarpen 42,
Norderstedt (Allemagne)
Impression à la demande
ISBN : 978-2-3224-7209-3

Dépôt légal : septembre 2023

Maryline AUDINEAU

L'ENVOL DES MOTS...

DES MAUX...

Poèmes

L'ENVOL DES MOTS

Écrire, écrire, je passerais des heures entières à écrire.

Mon esprit s'éclaircit en noircissant du papier, sans aucun doute. Au commencement, il n'est pas très clair cet esprit, il cherche, il bout, il s'enflamme aussi.
Mais si aucun de mes mots, même d'amour, n'a jamais enflammé un papier à lettres, mes mots, eux glissent si bien sur les feuilles quadril-lées ou non.

Je préfère d'ailleurs le quadrillage plutôt que le vide d'une feuille blanche. Ces belles lignes, bien rangées, dimensionnées, curieusement, m'aident beaucoup dans mon écriture.Plus facile pour moi, il me suffit de les remplir ces cases. Je bouge, mes mains s'agitent, j'aime le crayon, le papier et la gomme.
Ah ! Ma gomme, je l'adore, elle efface si bien ! Et me voilà repartie.
Un jour, mon cahier sera rempli et alors un autre viendra, prêt à être noirci de mes mots, à son tour.
Ces feuilles à carreaux, petits ou grands, sont un lieu où me poser dans un jardin de page.

Si l'écrivain est le berger des mots, si le paragraphe est leur enclos, alors, où sont les moutons ?
Les moutons sont les mots, ils bêlent à tout va !
Ont-ils peurs du loup ? Peurs d'êtres tondus ?

Mes moutons eux, sont en nombre infini, ils n'ont peur de rien, ils franchissent allègrement leurs barrières et volent vers la liberté.

La liberté d'écrire ce que je veux, de penser, d'imaginer, de ressentir, de rêver.

Le bonheur enfin, celui égoïste de ma propre satisfaction et celui, peut-être, de donner un peu de plaisir à mes éventuelles lectrices ou lecteurs.

RÊVERIE

Blotti au fond de mon lit
Mon esprit s'égare, il s'ennuie

Le sommeil joue au voyou
Jamais à l'heure au rendez-vous

Tic tac, le réveil m'accompagne
Je vogue bientôt, vague à l'âme

Doucement mon esprit s'étourdit
Lentement s'immisce la rêverie

Je flotte déjà, tout est si doux
M'enfonce vers un songe flou

Maintenant tout est si calme
Je glisse, sans même une trame

Tu rêves, tu rêves, ma petite
J'aimerais connaître la suite

Mais déjà, une main me secoue
Réveilles-toi ! sors de ton trou !

Je n'en fais pas un mélodrame
Un autre jour, un autre charme

Viendras me hisser jusqu'ici
Y retrouver l'amie rêverie

LE TEMPS

Il file à toute vitesse
Ne freine pas, même de justesse

Si seulement je pouvais l'arrêter
Qu'il ne puisse pas me rattraper

Souvent d'ailleurs je l'attends
Mais Il prend toujours tout son temps

Il me vole même ma jeunesse
Se délecte de ma vieillesse

Pourrais-je un jour lui pardonner
De devoir m'obliger à compter

Les aiguilles de mon horloge d'antan
Allaient elles moins vite avant ?

Non je rêve, mais je progresse
Plus jamais je n'aurais ce stress

Car mon temps est illimité
Pour lentement toujours t'aimer

ANTICORONASTRESS

À tous mes amis randonneurs
Ce poème écrit de tout cœur

Si notre corps est confiné
Notre esprit reste en liberté

Puisque bloqués à la maison
Pour s'éloigner de ce poison

Devant une telle adversité
Ne restons pas les bras croisés

Soyons, réceptifs, attentifs
Autour de nous trop d'égoïsme

La vie nous offre tant de choses
Ne soyons pas déjà moroses

J'ai comme un pincement au cœur
Seulement ce n'est pas encore l'heure

Nous déborderons d'idées
Et seront tous très occupés

Chantons, dansons ou bricolons
Peu importe l'occupation

Protégeons tous notre santé
Communiquons pour mieux gagner

Contre cet ennemi invasif
Gardons un esprit inventif

Enfin je vais finir ma prose
Remplir mon verre de vin rose

Lever le coude sans renverser
Et proclamer « et hop santé ! »

PRINTEMPS

*Chaque année il revient gaiement
Et m'enchante immédiatement*

*J'entends piailler, s'égosiller
Vibrer, voler presque chanter*

*Fin de tristesse du gris, du noir
Arc multicolore jusqu'au soir*

*Joignons nos mains, faisons un tour
Humons l'air doux sur le parcours*

*Ressens-tu cet enchantement ?
Et l'air parfumé subtilement*

*C'est là ma saison préférée
Chantons « Colchiques dans les prés »*

*Depuis trop longtemps confinés
Évadons nous-mêmes en pensées*

*Le printemps vaut bien le détour
Pour nous mener jusqu'à l'Amour*

UN PREMIER, 1ER MAI

Mille clochettes de brin muguet
S'agitent ce jour de 1er mai

Elles ne tintent pas comme d'habitude
Leurs cœurs serrés d'inquiétude

Naturellement leurs pensées sont tournées
Vers nos êtres chers, aimés, mais cachés

Bonne nouvelle ces derniers jours
De mieux en mieux, c'est le discours

L'espoir renaît, tout est plus gai
À l'horizon, c'est certain, des projets

Bientôt nous pourrons « faire le mur »
Voyager, retenter l'aventure

Pouvoir encore se serrer, s'embrasser
Nos familles et amis se retrouver

En face à nouveau dire « bonjour »
Recommencer à vivre au grand jour

NOTRE 1ER MAI

Quatre clochettes de brin muguet
S'agitent ce jour de 1er mai

Elles ne tintent pas comme d'habitude
Leurs cœurs sont serrés d'inquiétude

Naturellement leurs pensées sont tournées
Vers leur maman, à Saumur hospitalisée

Bonnes nouvelles ces derniers jours
De mieux en mieux, c'est le discours

L'espoir renaît, tout est plus gai
À l'horizon, c'est certain, des projets

Bientôt nous pourrons enfin « faire le mur »
Voyager, ouest, sud, bien sûr

Se serrer, s'embrasser, s'enlacer
Notre famille entière se retrouver

Maman, en face te dire « Bonjour »
Te déclarer tout notre Amour

ENFER D' ÉTÉ

Tout comme un fruit mûr écrasé
Toute mâchouillée, toute compotée

Rougie, bientôt toute cramoisie
Je suis déjà tout engourdie

Plus un geste, c'est le calme plat
Activité néant, pas même un pas

Il chauffe bien ce satané
Son jaune vire à l'oranger

Vidée, cassée, toute ramollie
Je rêve d'un verre d'eau rafraîchi

Enfin je bouge de mon matelas
M'étire un peu et lève un bras

Moment très fort de la journée
Je décide de téléphoner

Allô maman, j'ai un souci
J'ai la marque du bikini

CHOIX D'HIVER

Le sud ne connaît pas l'hiver
Le nord c'est là son univers

Lui, l'homme du froid, fixe, regard plissé
Une banquise de glace bleutée

Toi, Noël, guirlandes et cotillons
Bonnet, écharpe, petits frissons

Toi, Bonhomme de neige éphémère
Ski et montagne pour prendre l'air

Lui, aurores boréales, nuits étoilées
Jours blancs toujours enneigés

Toi, dans le cocon de ta maison
Canapé, bouillotte et télévision

Toi, vie libre mais remplie de barrières
Choix douillet de ton atmosphère

Lui, jouir, apprécier la beauté
Il nomme cela : sa Liberté.

SOLITUDE FORCÉE

Aux premières lueurs du jour
Tout semble flou, pas de contours

Ton regard croise tes quatre murs
Autour de toi, comme une armure

Le silence te tient compagnie
Il est discret, c'est ton ami

Aujourd'hui tu dois affronter
Ce monde osé, mêlé, souillé

Adopter une vie d'apnée
En restant toujours confiné

Prudemment suivre un détour
Sur ton chemin, sur ton parcours

Apprendre à oser quelquefois l'aventure
Braver la peur et l'inconnu de ce futur

Tu dois dompter cet ennemi
Invisible et sournois aujourd'hui

Alors reste isolé sans te cacher
Car à toi je ne saurais renoncer

AMOUR MATERNEL

C'est là que tout a commencé
Dans ton ventre, neuf mois, bien caché

Puis, instinctivement ton bébé
Sourit, babille, pour l'exprimer

Il grandit, se dévoile chez ton enfant
Dès lors qu'il peut dire « Maman »

Chavire l'adolescent maintenant
Pourtant sous ses yeux, mais il le cherche souvent

Jeune adulte, difficile pour lui d'oser
Avouer ce beau sentiment, si prisé

Il devra bien l'apprivoiser
Quelquefois même le dompter

Enfin, se livrera bien plus aisément
Quand il sera lui-même parent

Alors osons-le dire plus souvent
« Je t'aime Maman »

POLITESSE A LA TERRE

Soyez polis

Soyez polis avec la terre
Car elle ne sourit pas toujours la terre

Elle peut gronder
Cracher, cracher son feu
Recracher, recracher l'eau
Vomir, vomir la pluie
Trembler aussi, trembler tout doux, presque frémir
Et peut s'ouvrir, tout engloutir

Oui mais aussi
Elle peut donner, si tu sais y semer ton blé
Elle te nourrit, tu t'en réjouis

Alors maintenant réfléchi
et avant de lui dire merci
Prend bien soin d'elle comme d'un ami

Respecte ton environnement
Ne la tue pas en le polluant

Protège-la, comme ton enfant.

PETIT ENFANT COURAGE

À la tombée de la nuit
Ton cœur d'enfant, déjà bondit

À pas de loup, presque feutrés
Tu avances, lentement, aux aguets

C'est une épreuve, un combat
Qu'il te faut gagner, pas de choix

Les leçons de ton père, grand sage
Ancrées en toi dès ton jeune âge

Les mots prononcés de ta mère
Résonnent encore dans ta chair

Il fait froid, tu es transi
Mais tu dois relever ce défi

Tu es le plus grand, donc l'aîné
Voilà donc ta destinée

Reste éveillé, bouge les bras
Peut-être prie, mais tout bas

Comment maîtriser cette rage
Elle monte en toi, fait des ravages

Va maintenant, rejoins la terre
Celle du félin qui se taire

Passer la nuit, premier défi
Puis dès l'aube trouver l'ennemi

Ne pas courber, ni même plier
Rester blotti, là, aux aguets

Ne jamais devenir l'appât
Bien tenir l'arme contre soi

Soudain un bruit dans les feuillages
Comme lorsqu'on tourne une page

L'animal passe immense et fier
Toi, penché, plié, en prière

Eh bien, qu'il en soit ainsi
Il te faut lui ôter la vie

Maintenant seul dans la vallée
En cet instant si mérité

Ton sang bouillonne, feu de joie
Tous tes sens éveillés, tout en toi

Tu dois te redresser et faire face
Et laisser jaillir ton courage

L' arc est tendu, dur comme pierre
La flèche jaillie, fuse l'air

Le félin semble étourdi
Il tangue, et puis gémi

Ton tir précis et assuré
Porte ses fruits, tu as gagné

L'arme ancrée dans le flanc du puma
La bête tombe, vite, sans fracas

Alors, dans un bruit d'orage
Tu hurles tout comme un sauvage

Tes parents seront si fiers
Un homme est né sur cette terre

OCÉAN

Devant moi se dresse un géant
Il bouge, se tord en ondulant

Son harmonie de mille bleus
M'inspire et flatte mes yeux

Sa force, sa nature colossale
Me minimise, humble animal

Le flux et reflux doucement
M'attire, m'aspire tel un aimant

La magie ressentie en ce lieu
Apaise même les plus furieux

Mais ses profondeurs abyssales
Ses tempêtes, souvent fatales

Achèvent et réduisent à néant
D'autres natures, d'autres vivants

Plutôt que jouer avec le feu
Je préfère l'amadouer un peu

Je nage et glisse mon corps pâle
Sans ressentir ma peur primale

Je me délecte de l'océan
Je goûte le sel, flaire le vent

De ces moments si délicieux
J'absorbe tout le bien précieux

ÂME SAUVÉE

Dans le lit vaste dévasté
De la rivière débordée

Surgi tout d'abord sa main, puis son bras
Appel à l'aide dans ce fracas

Pourrais-tu venir le sauver
De la furie du fleuve sacré

Hisser son corps ne suffira pas
Son âme alors tu choisiras

De soigner, d'isoler le damné
Sur l'autre rive la ramener.

ETATS D'ÂMES

ÂME BRULÉE TORTURÉE

ÂME GELÉE HIVERNÉE

ÂME BENIE SANS SOUCIS

ÂME TRANSIE AMAIGRIE

ÂME OUBLIÉE MORTE-NÉE

L'HORLOGE

J'aimerais remonter le temps
Dans une machine, ou en rêvant

C'est un caprice, mais pas d'enfant
Ni de saison et ni du temps

Depuis toujours, depuis longtemps
Et pas seulement de temps en temps

Comme un espoir, au firmament
Grandissant même, au fil du temps

Pas une mode, dans l'air du temps
Évaporé, en un rien de temps

Plutôt un souhait, presque obsédant
Me défiant, par tous les temps

Mais pour faire quoi ? Gagner du temps ?
Pas très facile ces derniers temps

À quelle saison, par un beau temps ?
Ou tout simplement, juste à temps

Rien de tout cela, juste un instant
Recroiser son regard, arrêter le temps

Rester immobile, indéfiniment
Et là, seulement le tuer ce temps.

CAMILLE ET OSCAR

Camille soupire, se remémorant
Sa rencontre avec le prince charmant

Mais pas vraiment prince après tout
Puisqu'il s'avère sans un sou

Savant mélange Hoffman Allen
Pas au-dessus de la moyenne

Pourquoi aimer ce physique ingrat
Personne ne vous le dira

Camille déjà toute tremblante
Se pose la question qui la hante

N'est-elle pas entrée tête baissée
Dans cette amourette d'été

Garde ton calme, après tout
Ce n'est qu'un simple rendez-vous

Mais quelle tenue choisir ?
Et quel sera son avenir ?

Les kilos amassés sur ses hanches
Rend difficile la préférence

Cette chemise ample de secrétaire
Doit pouvoir enfin faire l'affaire

L' élégance n'était pas non plus
Une priorité absolue

De son côté Oscar prostré
Cherche en vain à se rassurer

A-t-il vraiment fait le bon choix ?
C'est pour lui la première fois

Il a donc fait les choses en grand
En réservant ce restaurant

Alors pourquoi un doute, là
Il faut maintenant franchir le pas

Est-elle Je femme de sa vie ?
Est-ce vraiment bien réfléchi ?

Un mètre cinquante, bien en chair
Des cheveux longs d'un blond très clair

De petits yeux, oui mais si bleus
Et un sourire si malicieux

Pas proprement dit un mannequin
Mais il va demander sa main

Il a su très rapidement
Qu'elle serait mère de ses enfants

Et il allait à trente ans passés
Voir son rêve se réaliser

Fonder enfin une famille
Et ce sera avec Camille

Il enfile son costume gris
Peut-être un peu trop petit

Le précieux écrin dans sa poche
Le rassure sur sa bonne pioche

Même la note du restaurant
Ne trouble pas son élan

La bague sortie de sa boîte
Semble glisser sur ses mains moites

Sachez que ce rendez-vous
Sera pour tous les deux, le plus fou

Et restera pour chacun d'eux
Un souvenir merveilleux

L'amour avec un grand A aujourd'hui
Toujours commence par un grand Oui

MA VIE D'AUTOMNE

En cette saison pré hivernale
Tout tombe et ce n'est pas banal

La température froide, pas encore
Le ressenti est dans mon corps

Tout rafraîchi, ça c'est certain
Mais pas mon teint, plutôt chagrin

Les feuilles s'envolent, toutes jaunies
Ma peau, elle, semble fanée, flétrie

Le vent souffle, s'agite en rafale
Mes rides creusent en vrai canal

Des teintes fauves s'élaborent
Mes yeux en pâle s'améliorent

La pluie s'abat, un vrai crachin
Mes cheveux virent couleur étain

Le ciel semble se réduire en suie
Moi, en dessous, je reste en vie

NUIT NOIRE

Toi, perdu dans la nuit noire
À la recherche des étoiles
Ne sanglote plus de désespoir
Une lueur lève le voile
C'est celle d'un feu, c'est un espoir

Dans cette nuit profonde, aucun bruit
Seulement celui d'une chauve-souris
D'un sanglier, cherchant un gland
Ou de tes pas, pesants, crissants
Sur gelée blanche de la nuit

APPROCHE-TOI

Approche-toi, n'hésite pas
Viens te blottir tout contre moi

Oses même doucement m'effleurer
Je ne serais pas offusquée

Peut-être alors il restera
De ton odeur posée sur moi

J'aimerais alors tout garder
Au fond de moi, emprisonner

Plus jamais tu n'échapperas
À mon amour, à mon émoi

Et si tu voulais t'envoler
Il me suffirait de guetter

Le rythme tranquille de tes pas
Pour te prier d'une douce voix

De revenir, de tout quitter
Et enfin de toujours rester

FAUT QUE TU PARTES

32

Faut que tu partes
Château de cartes

Plus rien en jeu
Plus rien à deux

Quel avenir si vivre ici
Aucun, néant, fini

Lueur, possible espoir ?
Non, tout y est noir

Autre pays, si près d'ici
Peut-être alors une autre vie

Lumière enfin
Sur ce nouveau chemin.

RECETTE SENSUELLE

Plongée sensuelle dans la farine
De mes doigts et de mes mains fines

Comme caresser un enfant
Ou sentir la douceur du vent

Ajouter les œufs puis le lait
Tourner, malaxer, sans excès

Déjà monte tout doucement
Un parfum, unique et gourmand

Mes papilles s'éveillent, s'imaginent
Un beau soufflé, goût mandarine.

CHEVEU DE SOIE

Il était une fois un cheveu
Raide, capricieux, pas très gracieux

Ses premières expériences capillaires
Se finissaient, en Tif en l'air

Ne sortait que de sa tignasse
Des coupes ou tailles, trop fadasses

Pourtant, il se creusait la tête ...

Chignon, natte, queue de cheval ?
Que faire pour sortir du banal ?

Pauvre cheveu, bien triste épi
Tout cela lui causait des soucis

Il rêvait tant de boucles blondes
De tignasses, d'un autre monde

Il fut même jusqu'à aller
À se laisser permanenter

La couleur passe avec les ans
Le pauvre cheveu devint blanc

Pourtant, un miracle se produisit
Il lui fallut, pour cela, vivre ici

Et enfin pouvoir rencontrer
Les mains qui sauront le sauver

Venues du Nord, presque normales
Dix doigts de fée, s'attaquent au mal

Pour enfin métamorphoser
Ma crinière, jusque-là, mal taillée

Dans un tourbillon de cisailles
Plus jamais de cheveux en bataille

Et pour couronner le tout
Des couleurs à rendre jaloux

Manipulateur de mes cheveux
Magicien et confident un peu

Toi qui me rend un peu jolie
Mon ami, Thomas, mille Mercis.

Pour Thomas le 03/02/2022

MA COMPTINE

Au clair de la lune
Je n'ai plus de feu
Ni même fortune
Pour rêver un peu

Et rond et rond petit patapon
Une vie à tourner en rond
Cadet Rousselle à trois maisons
Moi, je reste attachée au ponton

Il était un petit navire
Mais depuis longtemps tout chavire
Mon navire à moi il prend l'eau
Il n'a jamais navigué sur les flots

Promenons-nous dans les bois
Trop peur que le loup y soit
Colchiques dans les prés fleurissent
Petite souris verte j'y glisse

Le roi Dagobert fait tout à l'envers
Comme moi dans cet univers
Frère Jacques sonne les matines
Trop tard pour réveiller Maryline.

MON ENFANT

Tant de mots ont étés dits
Toujours si forts et si jolis

C'est à mon tour maintenant
De les écrire, moi, ta maman

Je voudrais faire original
Pour un message si banal

Un amour comme celui-là
Si grand, mérite tant d'éclat

Je pourrai sûrement le comparer
À l'océan, la voie lactée

Dire qu'il est un infini
Qu'il durera plus que ma vie

Ou bien encore simplement
Que je t'aime intensément

Mais ce n'est pas si primordial
Car tu sais déjà, au final

Que notre histoire d'amour est là
Bien ancrée entre toi et moi

Anthony, quarante ans passé, indéfiniment mon bébé
Je t'aime, au futur, au présent, au passé.

LAURÉAT PONT

Un homme venu d'on ne sait où
Voulut franchir l'eau, d'un seul coup

Vite il trouva la solution
Et construit rapidement un pont

Grâce à lui, fleuves, rivières et mers j'ai traversé
Et merci, sans me mouiller les pieds

Montsoreau fût sans doute le premier
Et cela avant même d'être née

Ceux ce Saumur
César, Cadet et même Bailey

Dansons sur le pont d'Avignon
Chantons tous à Joinville le Pont

Qu'ils soient du Nord ou bien de Nantes
Faits de bois, de fer ou de Pierres

Serait-ce de par leurs élégances
On les chante aujourd'hui comme hier

Paris, démuni de sa Tour Eiffel
Aurait ses ponts, comme St Michel

Pont Neuf, Alma ou Alexandre Trois
Difficile vraiment de faire un choix

Ceux de Millau, de Normandie
Vous donnent vertiges et tournis

En s'éloignant un peu de France
On soupire sur celui de Florence

Londres, déroule son Tower Bridge
Comment mieux franchir la Tamise

Golden Gate de San Francisco
Majestueux souvenir en photo

New York et son pont de Brooklyn
Sans doute franchi par Marilyn

Mais s'il me fallait faire un choix
D'un seul, de deux ou même de trois

Le vainqueur serait un simple ponton
Sur l'Atlantique posé, à St Jean de Monts.

IL ÉTAIT UNE NOUVELLE FOIS

Un chasseur il était une fois
Guettait patiemment une proie

Se pouvait être un simple sanglier
Ou bien un loup, voir une biche, isolée

Mais ce qu'il traquait avant tout
Portait du rouge et un panier surtout

Elle devait passer par ici
C'était son chemin, fort précis

Pour aller visiter sa mère-grand
Vivant près d'une forêt d'antan

Elle aimait ce chemin dans le bois
Que l'on nommait Bois Saint Éloi

L'odeur de la chaude galette sablée
La pressait de tôt arriver pour goûter

Perrette n'avait peur ni du loup
Ni de la nuit, ni du hibou

Chargée ainsi d'un panier bien garni
L'enfant marchait d'un pas hardi

Elle allait donc, d'un bon pas, chantonnant
Quand soudain un bruit stoppa net son élan

La petite ne comprit pas pourquoi
Mais tout à coup, elle eut froid

Elle tressaillit, laissant choir son panier
Le monstre s'approchait, prêt à tirer

Sur ce petit ange, au regard si doux
Mais qui ne se méfiait pas du loup

C'est à ce moment très précis
Que de derrière un chêne, l'enfant surgit

Le petit Poucet et ses six frères suivants
Surprit vivement l'ogre dans son élan

Le Barbe Bleu n'eut pas vraiment d'autre choix
Que de stopper son geste et recula d'un pas

On le sait, l'union de maintes forces liées
Peut changer l'issue d'un conte, même de fée

Seize menottes broyèrent férocement le cou
Du prédateur, baptisé maintenant Loup-garou

Quelle bonne idée d'avoir enfin réunis
Ces personnages de fables choisis

Tous se réfugièrent chez mère-grand
Juste avant le soleil couchant

Ils contèrent autour d'un bon feu de bois
Leur aventure digne pour eux, d'un exploit

Et finirent ainsi cette fois, en beauté
Une histoire au début si mal barrée !

FIN

EFFEUILLAGE

Mois de novembre, couleur de cendre
Chrysanthèmes jaunes ou ambres
Je grelotte de tous mes membres
Je ressors ma robe de chambre

Autour du sapin qui scintille
Des odeurs de pin, de miel, de vanille
De strass, de paillettes je m'habille
Décembre mon cœur se réchauffe en famille

Nous voici déjà en janvier
Nouveau départ, nouvelle année
Mon anniversaire à fêter
Une occasion, d'une nouvelle robe achetée

Même si février est plus court
Je grelotte encore et toujours
Mars anime un peu plus les jours
Le printemps s'éveille à son tour

Je ne me découvre pas d'un fil
Surtout en ce nouveau mois d'avril

Enfin le joli mois de mai
Parfume l'air de son muguet
Je laisse tomber mon gilet

Juin traîne ses jours en gaité
Chauffe mon corps presque grillé
Robes fleuries et décolletées

Pour laisser sa place à juillet
Tous les villages fêtent l'été
Les vacances riment avec juillet

Août m'incite au farniente
Presque nue, piscine et détente
Puis déjà arrive septembre
Rentrée scolaire des âges tendres

Odeur du cahier neuf d'écolier
Revêt un nouveau tablier

Octobre cède aux couleurs chaudes
Petit chandail sur les épaules
Je me tiens prête à effacer
Presque une année, à mon calendrier.

SENTIR DOUCEMENT

44

Sentir le vent doux
Frémir tout à coup

Courir à travers champs
Fuir ainsi le méchant

Partir on ne sait où
Choisir un petit trou

S'y blottir lentement
Y périr doucement.

LES TOITS ROUGES

J'ai découvert ce vendredi
Un semblant de petit paradis

Des toits rouges lovés dans la montagne
Ouvrent leurs portes et m'accompagnent

Une douce chaleur m'envahit
Le silence m'apaise, me réjouit

Un paysage majestueux surgit
La nature prend toute sa place ici

Puis vient tout doucement la nuit
Autour d'un verre, d'une bonne table réunis
Nos hôtes nous bercent de leurs récits

Voyageurs des mers, ouverts d'esprit
Ils écoutent et partagent aussi

Pour ces petits bonheurs de ma vie
Véronique et Yves, un grand merci !

MON VILLAGE

Entre la mer et les Préalpes édifié
Je connais un village, bien nommé
Si vous souhaitez le visiter
Sachez qu'il vous faudra monter
Tourner, virer pour l'approcher

Ne soyez pas trop pressés et découvrez
Ses fontaines, ses lavoirs, ses passages voutés
Une cascade et même les Gorges du Blavet
Quatre chapelles aux quatre points posées
L'église Saint-Antonin fière de son clocher

Mon village : Bagnols-en-Forêt
Ecrin du temps présent et passé

Maintenant, vous comprenez que :

Apaisée, tombée sous son charme
Mon village me semble avoir une âme.

LE POTAGER

En ce beau matin, au potager
Les légumes se sentent mal aimés

Les carottes encore enterrées
Trépignent d'être enfin libérées

Les tomates jaunes et rouges colorées
Ont hâtent d'etre enfin ramassées

Deux melons n'en finissent pas de pousser
Les courgettes semblent ratatinées

Les poivrons verts et orange, lustrés
Côtoient l'unique aubergine violacée

Les salades fraîchement arrosées
Veulent leur place dans le saladier

Toutes les billes rouges du cerisier
Ne peuvent attendre de tomber

Les fraises charnues et sucrées
Salivent à l'idée d'être goutées

L'escargot commence sérieusement à baver
Pour atteindre son festin, ce n'est pas gagné !

Mais qu'attend donc le jardinier
Pour venir remplir son panier ?

FRONTIÈRE OUBLIÉE

Où s'affranchir, dans quel lieu ?
Lorsque se tissent trop de limites à deux

Entre nos mains, tiennent deux destins
J'écoute avec toi, tend l'oreille, mais en vain

La lumière guidera-t-elle mon choix ?
Serré, dans ce couloir trop étroit

Le cœur palpitant, aurais-je le courage ?
Dans le cours de ma vie ferais-je naufrage ?

J'efface mes traces sur le chemin
Sur lequel nos pas allaient, clopant-clopin

Me noue le foulard, tisse de ma main fine
Le fil menant à mes pensées intimes

Je sens alors que le vide, l'inaudible
Et l'absence des mots forment une frontière invisible

Inaccessible elle glisse entre nous, tel un spectre
Dans l'infini, s'évapore, puis se dissout pour être

Enfin oubliée.

RENOUVEAU

Tes paupières s'ouvrent ce matin
Et tu découvres un beau jardin

Est-ce un Éden, un paradis ?
Tu t'émerveilles, tu frémis

La pupille azur de tes yeux
S'illumine d'un nouveau bleu

Ton être explore de tous ses sens
Ce qui semble une renaissance

La peur d'hier, celle du malin
Serait-elle évanouie soudain ?

Ton obsession, la hantise de ta vie
Aujourd'hui apparaît évanouie

Tu flottes maintenant, dans les cieux
Aujourd'hui heureux, est-ce Dieu ?

Ou tout simplement une présence
Bienfaitrice, rassurante, aimante

Ou as-tu trouvé enfin le chemin
Du repos qui n'aura nulle fin.

Sommaire

Couverture : Photo et création Maryline Audineau